AF357782

16 Novembre 1881

V

Vente du Mercredi 16 Novembre 1881

HOTEL DROUOT, SALLE N° 3.

TABLEAUX

ANCIENS

ŒUVRES IMPORTANTES PAR LAGRÉNÉE

PEINTURES DÉCORATIVES

EXPOSITION PUBLIQUE
Le mardi 15 novembre 1881

De deux heures à cinq heures.

COMMISSAIRE PRISEUR

Mᵉ Paul **CHEVALLIER**, Succᵣ de Mᵉ Cʜ. **PILLET**

10, RUE DE LA GRANGE-BATELIÈRE, 10

EXPERT

M. Cʜ. **GEORGE**, 12, rue Laffitte

CATALOGUE

DES

TABLEAUX ANCIENS

DES ÉCOLES

FRANÇAISE, FLAMANDE, HOLLANDAISE

ET ITALIENNE

ŒUVRES IMPORTANTES PAR LAGRÉNÉE

PEINTURES DÉCORATIVES

Appartenant à Mme *V*^ve^ *B****

ET DONT LA VENTE AURA LIEU

HOTEL DROUOT, SALLE N° 3

Le Mercredi 16 Novembre 1881

A DEUX HEURES

Par le Ministère de **M° PAUL CHEVALLIER**, Commissaire-priseur,

Successeur de M° CHARLES PILLET,

10, rue de la Grange-Batelière,

Assisté de **M. GEORGE**, Expert, 12, rue Laffitte,

Chez lesquels se trouve le présent Catalogue.

EXPOSITION PUBLIQUE, Mardi 15 Novembre 1881

De deux heures à cinq heures.

CONDITIONS DE LA VENTE

Elle sera faite au comptant.

Les adjudicataires payeront *cinq pour cent* en sus des enchères.

Paris. — Typ. Pillet et Dumoulin, rue des Grands-Augustins, 5.

DÉSIGNATION

1 — ABSHOVEN. — La partie de cartes.

2 — ARPINO (J. Césare, dit). — Jésus servi par les anges.

3 — BAPTISTE MONNOYER (attribué à). — Saladier de fruits et vases de fleurs.

4 — BEELDEMAKER. — Chien chassant des canards.

> Dessus de porte.

5 — BERGERET (P.-N.). — La découverte du groupe de Laocoon.

6 — BEYEREN (A. van). — Nature morte.

> Potiche en porcelaine de Chine, citron et pommes dans un plat d'argent, le tout sur une table couverte d'un tapis d'Orient. — Signé du monogramme.

7 — id. le pendant.

> Citron et fruits dans un saladier, verre à vin, etc., etc.

8 — BLAIN de FONTENAY. — Fleurs et fruits.

> Peinture décorative.

9 — BLOEMEN (P. van). — Halte de cavaliers.

10 — BOILLY. — Portrait présumé de M. de Chateaubriand.

11 — Boucher (école). — Vénus et l'Amour.

12 — id. Le pendant.

13 — id. (école). — Léda.

14 — Brasch (Nic.). — Faisans sous bois.
Deux pendants.

15 — Brasch. — Etude d'oiseaux.

16 — Breydet (le chevalier). — Combat de cavaliers.

17 — Bril (Paul). — Paysage, dessus de porte.

18 — Bruandet. — Pâturage.

19 — Brunner. — Le Renard et la Cigogne.
Panneau décoratif.

20 — Burgh (H. van der). — Bestiaux au repos.

21 Capelle (Jan van de). — Barques de pêche et
navires sur une mer calme.

22 — Casanova. — Etude de chien.

23 — Correge (d'après). — Antiope.

24 — id. (école de). — La Madeleine.

25 — Coypel. — Une Muse.

26 — id. Les Baigneuses.

27 — id. (école). — Vénus et l'Amour.

28 — Craesbeck. — Kermesses flamandes.
Deux pendants.

29 — Dedreux. — Cavaliers, esquisse.

30 — De Heem. — L'Abondance.
   Figure allégorique entourée d'une guirlande
de fruits de toutes sortes.

31 —   id.   Fruits.

32 — De Machy. — Architecture.

33 — Demay. — Paysage.

34 — Dow (genre de Gérard). — Le Repas du soir.
   Peinture sur porcelaine.

35 — Doyen. — Enée et Didon.
   Esquisse.

36 — Drouais (attribué à). — Portrait de jeune
femme tenant un perroquet.

37 — Drouais (genre de). — Portrait d'enfant tenant un manchon.

38 — Duplessis. — Portrait d'un jeune seigneur,
habit rouge à parements dorés, tenant une
lettre.

39 — Estachon. — Jeune fille et Amour.

40 — Freese, 1855 (H.). — Béliers.
   Deux pendants.

41 — Garcin. — Paysage d'Orient.

42 — Gibbens (signé Abr.). — Corbeille de cerises.

43 — Greuze (d'après). — La Voluptueuse.

44 — Grimoux. — Portrait d'homme, de face,
coiffé d'une toque, tenant un livre.

45 — Guerchin. — Un Ermite.

46 — Helst (école de Vander). — Portrait d'homme.

47 — Hersent. — Portrait de Louis-Philippe.

48 — Hondekœter. — Poule blanche.

49 — Houel. — Le Moulin à eau.

50 — Imola (Innocenzo da). — La Vierge, l'Enfant Jésus et saint Joseph.

51 — Jeaurat. — L'avare.

52 —   id.   Ouvrières, matin et soir.

53 — Jonville. — Paysage.

54 —   id.   id.

55 — Kessel (van). — Oiseaux.

56 — Lagrénée. — La Vierge et l'Enfant Jésus.
Tableau important de l'artiste.

57 —   id.   Saint-Sébastien.
Tableau important.

58 —   id.   Sujet historique.

59 —   id.   Le sommeil d'Endymion.

60 — Lahyre (L. de). — Vénus et Adonis.

61 — Largillière. — Portrait d'homme, longue perruque poudrée, manteau brodé; il prend une tasse de café.

62 — Le Barbier. — L'Hyménée.

63 — Lefèvre (A.). — Danaé.

64 à 66 — Leriche. — Fleurs. Trois panneaux dé-
coratifs.

67 — Le Roy (F.). — L'Enfant aux papillons.

68 — Loo (C. van). — Jeune fille représentée en
costume de pèlerine.

69 — Loo (Van). — Portrait d'acteur, habit à ra-
mages.

70 — Mario di Fiori. — Vase de fleurs.

71 — Masson (Benedic). — La Dénicheuse d'oiseaux.

72 — Michau. — Paysages et figures.
Deux pendants.

73 — Mignard (école de). — Portrait de jeune
femme, représentée en Diane.

74 — id. Jeune femme représentée en Cé-
rès.

75 — Mignard (école de). — Portrait d'une dame
tenant une guirlande de fleurs.

76 — id. Portrait de jeune femme.

77 — Mignard (école). — La Moisson.

78 — Moucheron. — Intérieur d'un parc avec
statues, pièces d'eau, escalier monumental.

79 — id. Paysage.
Cavalier sur une route et pêcheurs dans un
étang, au pied de rochers couronnés de con-
structions.

80 — Moormans. — La Lecture.

81 — Murillo (école de). — L'Immaculée Concep-
tion.

82 — Netscher. — Le Prince et la Princesse d'O-
range.

A mi-corps, de grandeur naturelle, assis dans
un parc.

83 —   id.   Portrait de Jeunes filles jouant
avec des moutons.

84 — Oolen (Adrien Van). — Concert d'oiseaux.

Bon tableau dans la manière de Hondekœter.
(Signé.)

85 — Orley (Van). — La Sainte famille.

86 — Oudry (école de). — Chien et faisans.

87 — Parrocel. — Troupe de cavaliers.

88 — Patel. — Paysage avec monuments.

89 — Provost. — Etude de fleurs.

90 — Raguenet (?). — Vue de Paris.

91 — Raphael (Ecole de). — La Vierge, l'Enfant
Jésus et saint Jean.

92 — Raoux. — La Lecture de la lettre.

93 — Rembrandt (manière de). — Jeune fille li-
sant une lettre.

94 — Roos (Henri). — Bestiaux au pâturage.

95 — ROTTENHAMER. —Jupiter, Vénus et l'Amour.

96 — id. La Folie.

97 — id. La Pluie d'or.

98 — RUYSDAEL (genre de S.). — Canal de Hollande.

99 -- SALVATOR ROSA. — Combat de cavaliers .

100 — SANTERRE. — Jeune femme tenant un masque.

101 — SCHALKEN (G.). — Portrait de Jeune femme avec les attributs de Flore.

102 — SCHEFFER (attribué à). —Jeune fille au bois.

103 — id. (A.). — Portrait du duc d'Orléans.

104 — STEEN (attribué à J.). —Scène d'intérieur.

105 — SWAGERS. — Pâturage au bord de la mer.

106 — TITIEN. — Figure allégorique, l'Amour et l'Amitié.

107 — id. Femme nue.

108 — TOL (Dominique van). — La Souricière.

109 — TROOST (Corneille), 1748. — Réunion dans un parc.

110 — VALLAYER-COSTER. — Oiseaux morts, perdrix, etc.

111 — VALLIN. — Les Baigneuses.

112 — id. Léda.

113 — Vᴀʟʟɪɴ. — Joseph et Putiphar.

114 — Vᴇʟᴅᴇ (attribué à A. vanden). — Cheval, vaches et moutons dans un pré.

115 — Vᴇʀᴏɴᴇ̀sᴇ (attribué à). — Portrait.

116 — Vᴇsᴛɪᴇʀ. — Portrait de Jeune femme.
Costume Louis XVI, chapeau à plumes.

117 — Vɪɴᴄɪ (d'après Léonard de). — La Joconde.

118 —   id.   id.   Saint-Jean.

119 — Vʟɪᴇᴛ (H. Van). — Intérieur d'Eglise.

120 — Vᴏᴜᴇᴛ (Simon). — La Vierge et l'Enfant Jésus.

121 — Vᴏᴜᴇᴛ (S.). — La Vierge et l'Enfant Jésus.

122 — Wᴇᴇɴɪx. — Cygne mort.

123 — Wᴇʀꜰꜰ (Vander). — La Vierge et l'Enfant Jésus.

124 — Wᴏᴜᴡᴇʀᴍᴀɴɴ (Pierre). — Le Marché aux chevaux.

125 — Éᴄᴏʟᴇ ᴍᴏᴅᴇʀɴᴇ. — Une décoration représentant des groupes d'amours dans le style de Boucher.
4 dessus de portes et 4 panneaux en hauteur.

126 — Eᴄᴏʟᴇ ᴍᴏᴅᴇʀɴᴇ. — Une Esquisse.

127 —   id.   Intérieur de forêt.

128 — Eᴄᴏʟᴇ ꜰʀᴀɴᴄ̧ᴀɪsᴇ. — Portrait de Jeune femme en robe de soie grise.

129 — ECOLE FRANÇAISE.— Raisins, pêches et une
aiguière en guirlandée.

130 — id.   Jeune femme à sa toilette.

131 — id.   Panneau de voiture.

132 — id.   Deux petits tableaux de fleurs.

133 — id.   Portrait d'un géographe.

134 — id.   Portrait de Femme en buste.

135 — ECOLE ALLEMANDE. — Deux Paysages avec
épisodes de chasse.

136 — ANCIENNE ÉCOLE FLAMANDE. — Allégorie re-
ligieuse, peinture sur cuivre.

137 — ECOLE FLAMANDE. — Portrait de Rubens.

138 — ECOLE HOLLANDAISE. — Deux petites ma-
rines.

139 — ECOLE VÉNITIENNE. — La Cène.

140 — ECOLE ITALIENNE. — Amphitrite.

141 —   id.   Vierge et Enfant Jésus.

142 — H. (initiale). — Concert de bohémiens.

143 — J. J. C. 1829. — Un Entrepôt de marchan-
dises.

DESSINS

144 — Swebach. — Cavaliers en promenade.

Deux dessins à la plume.

145 — Paulet 1784. — Marchand de poisson et marchand de légumes.

Deux gouaches.

146 — Lefort d'après Mme Lebrun. — Paesiello.

147 — Robert. — Architecture, traits imprimés et lavés d'aquarelle.

148 — Ecole française. — Sujet historique. — Sepia.

149 —   id.   Intérieur d'un Palais.

150 —   id.   Paysage.

151 —   id.   Plusieurs cadres en bois sculpté.